FAZER DISCÍPULOS RADICAIS

MANUAL DO PARTICIPANTE

Fazer Discípulos Radicais

Manual para facilitar a criação de discípulos em grupos pequenos, assembleias cristãs e viagens missionárias de curta duração, originando movimentos de implantação de igrejas.

De Daniel B. Lancaster, Ph.D.

Publicado por: T4T Press

Primeira edição, 2011

Título original: Making Radical Disciples

Tradução: Bárbara Maia

ISBN 978-1-938920-27-1 impresso

Library of Congress Cataloging-in-Publication Data

Lancaster, Daniel B.

Fazer Discípulos Radicais: Manual para facilitar a criação de discípulos em grupos pequenos, assembleias cristãs e viagens missionárias de curta duração, originando movimentos de implantação de igrejas./Daniel B. Lancaster.

Incluí referências bibliográficas.

ISBN 978-1-938920-27-1

1. Formação Para Seguir Jesus: Discipulado Básico – Estados Unidos da América. I. Título.

Sumário

Aulaso

Referência

1

Boas-vindas

As *Boas-vindas* abrem as sessões de formação ou seminário apresentando os formadores e os discentes. Os formadores apresentam aos discentes oito imagens de Jesus como: Soldado, Procurador, Pastor, Semeador, Filho, Santo, Servo e Investidor – e os movimentos com as mãos correspondentes. Como as pessoas aprendem a ouvir, ver e fazer, a Formação Para Seguir Jesus incorpora cada uma destas formas de aprendizagem em todas as sessões.

A Bíblia diz que o Espírito Santo é o nosso professor; os discentes são encorajados a depender do Espírito durante toda a formação. A sessão termina com a abertura do "café", que proporciona um ambiente mais relaxado entre formadores e discentes, o tipo de ambiente que os discípulos apreciavam com Jesus.

LOUVOR

INÍCIO

Apresentar os Formadores

Apresentar os Discentes

Apresentar Jesus

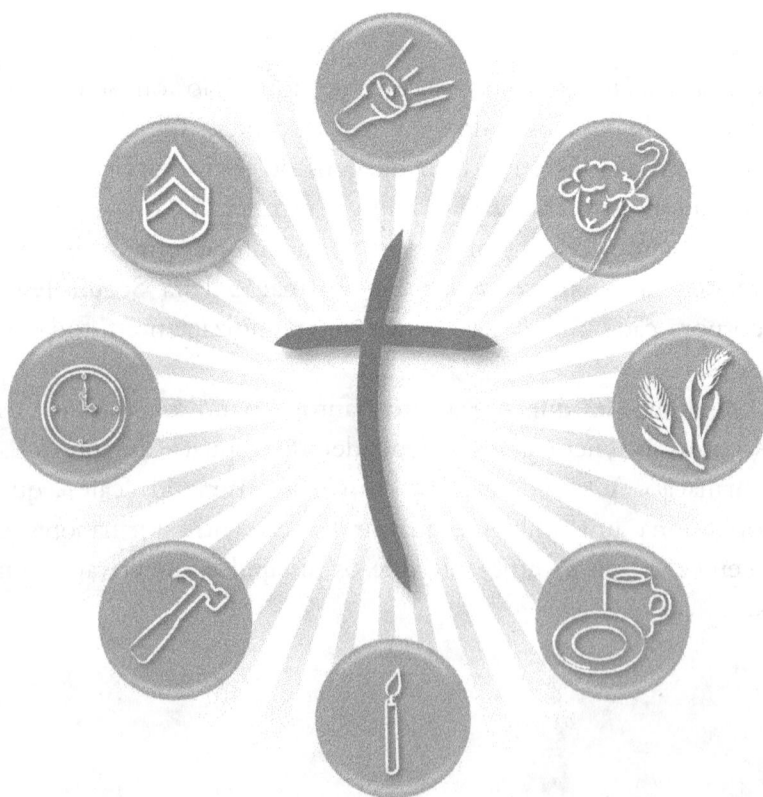

OITO IMAGENS DE JESUS NA BÍBLIA

🖐 Soldado
   Levante uma espada.

🖐 Procurador
   Olhe de um lado para o outro com uma mão em cima dos olhos.

🖐 Pastor
   Mova os braços na direcção do corpo como que esteja a reunir pessoas.

🖐 Semeador
   Lance sementes com as mãos.

🖐 Filho
   Mova as mãos na direcção da boca como que esteja a comer.

🖐 Santo
   Coloque as mãos na posição típica de oração.

🖐 Servo
   Empunhe um machado.

🖐 Investidor
   Tire dinheiro do bolso da camisa ou carteira.

Quais são as Três Formas de Aprender Melhor?

Ouvir

Coloque a mão á volta da orelha.

Ver

Aponte para os olhos.

Fazer

Faça um movimento de rotação com as mãos.

FINAL

O Café Está Aberto! ❧

—Lc 7,31-35— [Jesus disse:] «A quem, pois, compararei os homens desta geração? A quem são semelhantes? Assemelham-se a crianças que, sentadas na praça, se interpelam umas às outras, dizendo: 'Tocámos flauta para vós, e não dançastes! Entoámos lamentações, e não chorastes!' Veio João Baptista, que não come pão nem bebe vinho, e dizeis: 'Está possesso do demónio!' Veio o Filho do Homem, que come e bebe, e dizeis: 'Aí está um glutão e bebedor de vinho, amigo de cobradores de impostos e de pecadores!' Mas a sabedoria foi justificada por todos os seus filhos.»

2

Multiplicar

Multiplicar apresenta Jesus como Investidor: os investidores querem ser recompensados pelo seu tempo e tesouro, e desejam viver com integridade. Os discentes ganham uma percepção da fertilidade ao explorar 1) a primeira ordem de Deus à humanidade, 2) a última ordem de Jesus à humanidade, 3) o princípio 222 e 4) as diferenças entre o mar da Galileia e o mar Morto.

A lição termina com uma encenação de aprendizagem activa que demonstra a diferença em frutos entre formar os outros e simplesmente ensiná-los. Os discentes são desafiados a formar pessoas em como louvar, rezar, estudar a palavra de Deus e evangelizar e servir os outros. Com este investimento de tempo, tesouro e integridade, os discentes serão capazes de dar um presente maravilhoso a Jesus quando O virem no Céu.

LOUVOR

ORAÇÃO

ESTUDO

Revisão

Quais São Oito Imagens Que Nos Ajudam a Seguir Jesus?

A Nossa Vida Espiritual é Como Um Balão ✿

Como é Jesus?

> —Mt 6,20-21— *Acumulai tesouros no Céu, onde a traça e a ferrugem não corroem e onde os ladrões não arrombam nem furtam. Pois, onde estiver o teu tesouro, aí estará também o teu coração.*

_____

✋ Finja que tira dinheiro do bolso da camisa ou carteira.

Quais São Três Coisas Que um Investidor Faz?

–Mt 25,14-28– «Será também como um homem que, ao partir para fora, chamou os servos e confiou-lhes os seus bens. A um deu cinco talentos, a outro dois e a outro um, a cada qual conforme a sua capacidade; e depois partiu. Aquele que recebeu cinco talentos negociou com eles e ganhou outros cinco. Da mesma forma, aquele que recebeu dois ganhou outros dois. Mas aquele que apenas recebeu um foi fazer um buraco na terra e escondeu o dinheiro do seu senhor. Passado muito tempo, voltou o senhor daqueles servos e pediu-lhes contas. Aquele que tinha recebido cinco talentos aproximou-se e entregou-lhe outros cinco, dizendo: 'Senhor, confiaste-me cinco talentos; aqui estão outros cinco que eu ganhei.' O senhor disse-lhe: 'Muito bem, servo bom e fiel, foste fiel em coisas de pouca monta, muito te confiarei. Entra no gozo do teu senhor.' Veio, em seguida, o que tinha recebido dois talentos: 'Senhor, disse ele, confiaste-me dois talentos; aqui estão outros dois que eu ganhei.' O senhor disse-lhe: 'Muito bem, servo bom e fiel, foste fiel em coisas de pouca monta, muito te confiarei. Entra no gozo do teu senhor.' Veio, finalmente, o que tinha recebido um só talento: 'Senhor, disse ele, sempre te conheci como homem duro, que ceifas onde não semeaste e recolhes onde não espalhaste. Por isso, com medo, fui esconder o teu talento na terra. Aqui está o que te pertence.' O senhor respondeu-lhe: 'Servo mau e preguiçoso! Sabias que eu ceifo onde não semeei e recolho onde não espalhei. Pois bem, devias ter levado o meu dinheiro aos banqueiros e, no meu regresso, teria levantado o meu dinheiro com juros.' 'Tirai-lhe, pois, o talento, e dai-o ao que tem dez talentos.»

1. _____

2. _____

3. _____

Qual Foi a Primeira Ordem de Deus ao Homem?

–Gn 1,28– *Abençoando-os, Deus disse-lhes: «Crescei, multiplicai–vos, enchei e submetei a terra. Dominai sobre os peixes do mar, sobre as aves dos céus e sobre todos os animais que se movem na terra.»*

_____

Qual Foi a Última Ordem de Jesus ao Homem?

–Mc 16,15– *E disse-lhes: «Ide pelo mundo inteiro, proclamai o Evangelho a toda a criatura.*

_____

Como Posso Ser Fértil e Multiplicar-me?

–2 Tm 2,2– *Quanto de mim ouviste, na presença de muitas testemunhas, transmite-o a pessoas de confiança, que sejam capazes de o ensinar também a outros.*

_____

Mar da Galileia/Mar Morto ೞ

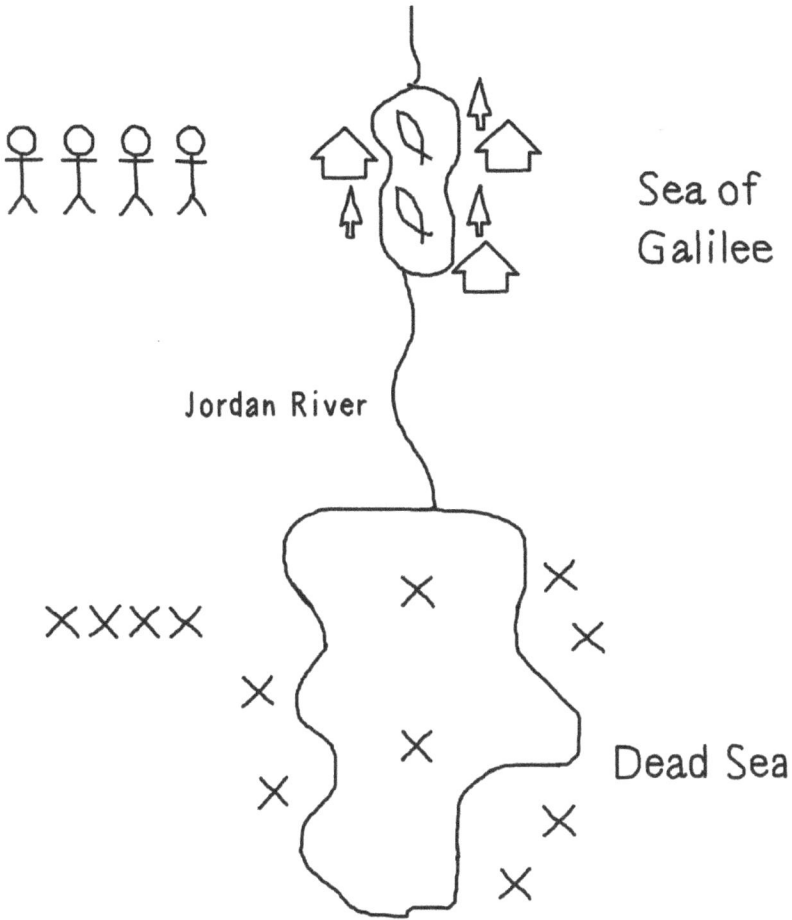

Sea of Galilee

Jordan River

Dead Sea

Versículo de Memorização

–Jo 15,8– Nisto se manifesta a glória do meu Pai: em que deis muito fruto e vos comporteis como meus discípulos.

PRÁTICA

"A pessoa mais nova do par será a líder."

FINAL

Um Presente Para Jesus ☙

🖐 Louvamos

Levantem as mãos em louvor a Deus.

🖐 Rezamos

Coloquem as mãos na posição típica de oração.

🖐 Estudamos a Bíblia

Virem as palmas das mãos para cima como que estejam a ler um livro.

🖐 Falamos aos outros de Jesus

Estendam a mão como que estejam a espalhar sementes.

3

Amar

Amar apresenta Jesus como Pastor: os pastores conduzem, protegem e alimentam as suas ovelhas. Nós "alimentamos" as pessoas quando as ensinamos segundo a Palavra de Deus, mas qual deve ser a primeira coisa que ensinamos às pessoas sobre Deus? Os discentes exploram o mandamento mais importante, identificam quem é a fonte do amor e descobrem como adorar com base no mandamento mais importante.

Os discentes treinam a liderança de um simples grupo de discípulos usando quatro elementos-chave: louvor (amar a Deus com todo o coração), oração (amar a Deus com toda a alma), estudo da Bíblia (amar a Deus com toda a mente) e treinar uma competência (para podermos amar a Deus com todas as nossas forças). Uma encenação final, "Ovelhas e Tigres", demonstra a necessidade de muitos grupos de discípulos entre os crentes.

Louvor

Oração

1. Como podemos rezar para que as pessoas perdidas que conhece sejam salvas?
2. Como podemos rezar pelo grupo que está a formar?

Estudo

Revisão

Quais São Oito Imagens Que Nos Ajudam a Seguir Jesus?

Multiplicar
Quais são três coisas que um investidor faz?
Qual foi a primeira ordem de Deus ao homem?
Qual foi a última ordem de Jesus ao homem?
Como posso ser fértil e multiplicar-me?
Quais são os nomes dos dois mares situados em Israel?
Porque é que são tão diferentes?
Com qual se querem parecer?

Como é Jesus?

—Mc 6,34— Ao desembarcar, Jesus viu uma grande multidão e teve compaixão deles, porque eram como ovelhas sem pastor. Começou, então, a ensinar-lhes muitas coisas.

Mova os braços na direcção do corpo como que esteja a reunir pessoas.

Quais São Três Coisas Que um Pastor Faz?

—Sl 23,1-6— O SENHOR é meu pastor: nada me falta. Em verdes prados me faz descansar e conduz-me às águas refrescantes. Reconforta a minha alma e guia-me por caminhos rectos, por amor do seu nome. Ainda que atravesse vales tenebrosos, de nenhum mal terei medo porque Tu estás comigo. A tua vara e o teu cajado dão-me confiança. Preparas a mesa para mim à vista dos meus inimigos; ungiste com óleo a minha cabeça; a minha taça transbordou. Na verdade, a tua bondade e o teu amor hão-de acompanhar-me todos os dias da minha vida, e habitarei na casa do SENHOR para todo o sempre.

1. _____

2. _____

3. _____

Qual é o Mandamento Mais Importante Para Ensinar aos Outros?

—Mc 12,28-31— Aproximou-se dele um escriba que os tinha ouvido discutir e, vendo que Jesus lhes tinha respondido bem, perguntou-lhe: «Qual é o primeiro de todos os mandamentos?» Jesus respondeu: «O primeiro é: Escuta, Israel: O Senhor nosso Deus é o único Senhor; amarás o Senhor, teu Deus, com todo o teu coração, com toda a tua alma, com todo o teu entendimento e com todas as tuas forças. O segundo é este: Amarás o teu próximo como a ti mesmo. Não há outro mandamento maior que estes.»

1. _____

   ✋ Ponha as mãos para cima na direcção de Deus.

2. _____

   ✋ Ponha as mãos para a frente na direcção dos outros.

De Onde Vem o Amor?

—1 Jo 4,7.8— Caríssimos, amemo-nos uns aos outros, porque o amor vem de Deus, e todo aquele que ama nasceu de Deus e chega ao conhecimento de Deus. Aquele que não ama não chegou a conhecer a Deus, pois Deus é amor.

_____

- Ponha as mãos para cima como que esteja a receber amor e depois dê o amor de volta a Deus.

- Ponha as mãos para cima como que esteja a receber amor e depois estenda-as para a frente como que esteja a dá-lo aos outros.

O Que é a Adoração Simples?

Louvor
    Levante as mãos em louvor a Deus.

Oração
    Coloque as mãos na posição típica de oração.

Estudo
    Vire as palmas das mãos para cima como quem lê um livro.

Prática
    Mova a mão de um lado para o outro, como quem lança sementes.

Para que Serve a Adoração Simples?

–Mc 12,30– Amarás o Senhor, teu Deus, com todo o teu coração, com toda a tua alma, com todo o teu entendimento e com todas as tuas forças.

Nós...	Por isso...	Movimentos com as mãos
Amamos a Deus com todo o nosso Coração	Louvamos	✋ Ponha a mão sobre o coração e depois levante as mãos para louvar a Deus.
Amamos a Deus com toda a nossa Alma	Rezamos	✋ Feche as mãos junto ao corpo e depois coloque-as na posição típica de oração.
Amamos a Deus com toda a nossa Mente	Estudamos	✋ Ponha uma mão do lado direito da cabeça como que esteja a pensar e depois vire as palmas das mãos para cima como que esteja a ler um livro.
Amamos a Deus com todas as nossas Forças	Partilhamos o Que Aprendemos (Praticamos)	✋ Ponha os braços para cima e flicta os músculos e depois estenda a mão para espalhar sementes.

Quantas Pessoas São Precisas para Haver Adoração Simples?

—Mt 18,20— *Pois, onde estiverem dois ou três reunidos em meu nome, Eu estou no meio deles.*

Versículo de Memorização

—Jo 13,34.35— *Dou-vos um novo mandamento: que vos ameis uns aos outros; que vos ameis uns aos outros assim como Eu vos amei. Por isto é que todos conhecerão que sois meus discípulos: se vos amardes uns aos outros.*

PRÁTICA

"A pessoa mais velha do par será a líder."

FINAL

Adoração Simples

1. O que é que esta história nos diz sobre Deus?
2. O que é que esta história nos diz sobre as pessoas?
3. Como é que esta história me ajudará a seguir Jesus?

Porque é que é Importante Começar um Grupo de Discípulos?

OVELHAS E TIGRES ೞ

4

Rezar

Rezar apresenta Jesus como o Santo aos discentes. Viveu uma vida santa e morreu por nós na cruz. Deus manda-nos ser santos à medida que seguimos Jesus. Um santo adora a Deus, vive uma vida santa e reza pelos outros. Seguindo o exemplo de Jesus na oração, louvamos a Deus, arrependemo-nos dos nossos pecados, pedimos a Deus os bens de que necessitamos e rendemo-nos ao que nos pede para fazer.

Deus responde às nossas preces de uma de quatro formas; não (se pedirmos pelos motivos errados), devagar (se não for a altura certa), cresce (se precisarmos de desenvolver mais maturidade antes de Ele nos dar a resposta) ou vai (quando rezamos de acordo com a Sua Palavra e vontade). Os discentes memorizam o número de telefone de Deus, 3-3-3, baseado em Jr 33,3, e são encorajados a "ligar" para Deus todos os dias.

Louvor

Oração

1. Como podemos rezar para que as pessoas perdidas que conhece sejam salvas?
2. Como podemos rezar pelo grupo que está a formar?

Estudo

Jogo do Telefone ∞

Revisão

Quais São Oito Imagens Que Nos Ajudam a Seguir Jesus?

Multiplicar
Quais são três coisas que um investidor faz?
Qual foi a primeira ordem de Deus ao homem?
Qual foi a última ordem de Jesus ao homem?
Como posso ser fértil e multiplicar-me?
Quais são os dois mares situados em Israel?
Porque é que são tão diferentes?
Com qual se querem parecer?

Amar
Quais são três coisas que um pastor faz?
Qual é o mandamento mais importante para ensinar aos outros?
De onde vem o amor?

O que é a Adoração Simples?
Para que serve a Adoração Simples?
Quantas pessoas são precisas para haver Adoração Simples?

Como é Jesus?

–Lc 4,33-35– *Encontrava-se na sinagoga um homem que tinha um espírito demoníaco, o qual se pôs a bradar em alta voz: «Ah! Que tens que ver connosco, Jesus de Nazaré? Vieste para nos arruinar? Sei quem Tu és: o Santo de Deus!» Jesus ordenou-lhe: «Cala-te e sai desse homem!» O demónio, arremessando o homem para o meio da assistência, saiu dele sem lhe fazer mal algum.*

🖐 Coloque as mãos na posição típica de oração.

Quais São Três Coisas Que um Santo Faz?

–Mt 21,12-16– Jesus entrou no templo e expulsou dali todos os que nele vendiam e compravam. Derrubou as mesas dos cambistas e as bancas dos vendedores de pombas, dizendo-lhes: «Está escrito: A minha casa há-de chamar-se casa de oração, mas vós fazeis dela um covil de ladrões.» Aproximaram-se dele, no templo, cegos e coxos, e Ele curou-os. Perante os prodígios que realizava e as crianças que gritavam no templo: «Hossana ao Filho de David», os sumos sacerdotes e os doutores da Lei ficaram indignados e disseram-lhe: «Ouves o que eles dizem?» Respondeu Jesus: «Sim. Nunca lestes: Da boca dos pequeninos e das crianças de peito fizeste sair o louvor perfeito?»

1. _____

2. _____

3. _____

Como Devemos Rezar?

—Lc 10,21— Nesse mesmo instante, Jesus estremeceu de alegria sob a acção do Espírito Santo e disse: «Bendigo-te, ó Pai, Senhor do Céu e da Terra, porque escondeste estas coisas aos sábios e aos inteligentes e as revelaste aos pequeninos. Sim, Pai, porque assim foi do teu agrado.

1. _____

🖐 Mãos levantadas em adoração.

—Lc 18,10-14— «Dois homens subiram ao templo para orar: um era fariseu e o outro, cobrador de impostos. O fariseu, de pé, fazia interiormente esta oração: 'Ó Deus, dou-te graças por não ser como o resto dos homens, que são ladrões, injustos, adúlteros; nem como este cobrador de impostos. Jejuo duas vezes por semana e pago o dízimo de tudo quanto possuo.' O cobrador de impostos, mantendo-se à distância, nem sequer ousava levantar os olhos ao céu; mas batia no peito, dizendo: 'Ó Deus, tem piedade de mim, que sou pecador.' Digo-vos: Este voltou justificado para sua casa, e o outro não. Porque todo aquele que se exalta será humilhado, e quem se humilha será exaltado.»

2. _____

🖐 As palmas das mãos estão para fora a tapar a face;
a cabeça está virada para o lado.

—Lc 11,9— *Digo-vos, pois: Pedi e ser-vos-á dado; procurai e achareis; batei e [a porta] abrir-se-vos-á;*

3. _____

🖐 Mãos em concha para receber.

—Lc 22,42— *«Pai, se quiseres, afasta de mim este cálice; contudo, não se faça a minha vontade, mas a tua.»*

4. _____

🖐 Mãos na posição de oração e colocadas bem alto
na testa para simbolizar respeito.

Rezar Juntos

Como É Que Deus Nos Responderá?

—Mt 20,20-22— *Aproximou-se então de Jesus a mãe dos filhos de Zebedeu, com os seus filhos, e prostrou-se diante dele para lhe fazer um pedido. «Que queres?» - perguntou-lhe Ele. Ela respondeu: «Ordena que estes meus dois filhos se sentem um à tua direita e o outro à tua esquerda, no teu Reino.» Jesus retorquiu: «Não sabeis o que pedis. Podeis beber o cálice que Eu estou para beber?» Eles responderam: «Podemos.»*

1. _____

✋ Abane a cabeça indicando "não".

–Jo 11,11-15– Depois de ter pronunciado estas palavras, acrescentou: «O nosso amigo Lázaro está a dormir, mas Eu vou lá acordá-lo.» Os discípulos disseram então: «Senhor, se ele dorme, vai curar-se!» Mas Jesus tinha falado da sua morte, ao passo que eles julgavam que falava do sono natural. Então, Jesus disse-lhes claramente: «Lázaro morreu; e Eu, por amor de vós, estou contente por não ter estado lá, para assim poderdes crer. Mas vamos ter com ele.»

2. _____

✋ Movimente as mãos para baixo como que tentando parar um carro.

–Lc 9,51-56– Como estavam a chegar os dias de ser levado deste mundo, Jesus dirigiu-se resolutamente para Jerusalém e enviou mensageiros à sua frente. Estes puseram-se a caminho e entraram numa povoação de samaritanos, a fim de lhe prepararem hospedagem. Mas não o receberam, porque ia a caminho de Jerusalém. Vendo isto, os discípulos Tiago e João disseram: «Senhor, queres que digamos que desça fogo do céu e os consuma?» Mas Ele, voltando-se, repreendeu-os. E foram para outra povoação.

3. _____

✋ As mãos contornam uma planta a crescer.

—Jo 15,7– Se permanecerdes em mim e as minhas palavras permanecerem em vós, pedi o que quiserdes, e assim vos acontecerá.

4. _____

✋ Abanar a cabeça, indicando "sim", e mexer as mãos para a frente, indicando "vai".

Versículo de Memorização

—Lc 11,9– Digo-vos, pois: Pedi e ser-vos-á dado; procurai e achareis; batei e [a porta] abrir-se-vos-á.

PRÁTICA

"A pessoa mais baixa do par será a líder."

FINAL

O Número de Telefone de Deus ☙

—Jr 33,3– 'Invoca-me, e Eu te responderei e te revelarei coisas grandes e misteriosas, que não conheces.'

Duas Mãos – Dez Dedos ☙

5

Obedecer

Obedecer apresenta Jesus como um Servo aos discentes: os servos ajudam as pessoas, têm um coração humilde e obedecem ao seu senhor. Da mesma forma que Jesus serviu e seguiu o Seu Pai, nós agora servimos e seguimos Jesus. Como aquele com toda a autoridade, Ele deu-nos quatro ordens para obedecer: ir, fazer discípulos, baptizar e ensiná-los a obedecer a tudo o que Ele ordenou. Jesus também prometeu que estaria sempre connosco. Quando Jesus dá uma ordem, devemos obedecê-la sempre, imediatamente, e com um coração de amor.

As tempestades da vida acontecem a toda a gente, mas o homem sábio constrói a sua vida obedecendo às ordens de Jesus; o homem tolo não. Por último, os discentes começam um Mapa Act 29, uma imagem da sua messe, que apresentarão no final do Seminário de Discipulado.

Louvor

Oração

1. Como podemos rezar para que as pessoas perdidas que conhece sejam salvas?
2. Como podemos rezar pelo grupo que está a formar?

Estudo

Façam o "Funk da Galinha"! ❧

Revisão

Quais São Oito Imagens Que Nos Ajudam a Seguir Jesus?

Multiplicar

Quais são três coisas que um investidor faz?
Qual foi a primeira ordem de Deus ao homem?
Qual foi a última ordem de Jesus ao homem?
Como posso ser fértil e multiplicar-me?
Quais são os dois mares situados em Israel?
Porque é que são tão diferentes?
Com qual se querem parecer?

Amar

Quais são três coisas que um pastor faz?
Qual é o mandamento mais importante para ensinar aos outros?
De onde vem o amor?
O que é a Adoração Simples?

Para que serve a Adoração Simples?
Quantas pessoas são precisas para haver Adoração Simples?

Rezar
Quais são três coisas que um santo faz?
Como devemos rezar?
Como é que Deus nos responderá?
Qual é o número de telefone de Deus?

Como é Jesus?

—Mc 10,45— *Pois também o Filho do Homem não veio para ser servido, mas para servir e dar a sua vida em resgate por todos.»*

Finja que martela.

Quais São Três Coisas que Um Servo Faz?

—Fl 2,5-8— *Tende entre vós os mesmos sentimentos, que estão em Cristo Jesus: Ele, que é de condição divina, não considerou como uma usurpação ser igual a Deus; no entanto, esvaziou-se a si mesmo, tomando a condição de servo. Tornando-se semelhante aos homens e sendo, ao manifestar-se, identificado como homem, rebaixou-se a si mesmo, tornando-se obediente até à morte e morte de cruz.*

1. _____

2. _____

3. _____

Quem Tem Mais Poder No Mundo?

–Mt 28,18– Aproximando-se deles, Jesus disse-lhes: "Foi-me dado todo o poder no Céu e na Terra."

Quais São Quatro Ordens que Jesus Deu a Todos os Crentes?

–Mt 28:19-20a– Ide, pois, fazei discípulos de todos os povos, baptizando-os em nome do Pai, do Filho e do Espírito Santo, ensinando-os a cumprir tudo quanto vos tenho mandado.

1. _____

   ✋ Mova os dedos para a frente, "caminhando".

2. _____

   ✋ Use os quatro movimentos com as mãos da Adoração Simples: louvor, oração, estudo e prática.

3. _____

   ✋ Coloque a mão no cotovelo do outro braço; mova o cotovelo para cima e para baixo como que alguém esteja a ser baptizado.

4. _____

✋ Ponha as mãos juntas como que esteja a ler um livro e depois movimente o "livro" para trás e para a frente da esquerda para a direita como que esteja a ensinar pessoas.

Como Devemos Obedecer a Jesus?

1. _____

✋ Mova a mão direita do seu lado esquerdo para o direito.

2. _____

✋ Mova as mãos de cima para baixo num movimento cortante.

3. _____

✋ Cruze as mãos sobre o peito e depois levante-as em louvor a Deus.

O Que É Que Jesus Prometeu a Todos os Crentes?

—Mt 28,20b— *E sabei que Eu estarei sempre convosco até ao fim dos tempos.*

Versículo de Memorização

–Jo 15,10– Se guardardes os meus mandamentos, permanecereis no meu amor, assim como Eu, que tenho guardado os mandamentos do meu Pai, também permaneço no seu amor.

PRÁTICA

"A pessoa *mais alta* do par será a líder."

FINAL

Fundar os Verdadeiros Alicerces ❧

– Mt 7,24-25– Todo aquele que escuta estas minhas palavras e as põe em prática é como o homem prudente que edificou a sua casa sobre a rocha. Caiu a chuva, engrossaram os rios, sopraram os ventos contra aquela casa; mas não caiu, porque estava fundada sobre a rocha.

–Mt 7,26-27– Porém, todo aquele que escuta estas minhas palavras e não as põe em prática poderá comparar-se ao insensato que edificou a sua casa sobre a areia. Caiu a chuva, engrossaram os rios, sopraram os ventos contra aquela casa; ela desmoronou-se, e grande foi a sua ruína.

Mapa Act 29 - Parte 1 ❧

6

Caminhar

Caminhar apresenta Jesus como Filho aos discentes: um filho honra o pai, deseja unidade e quer que a família seja bem-sucedida. O Pai chamou a Jesus "muito amado" e o Espírito Santo desceu sobre Ele no Seu baptismo. Jesus foi bem-sucedido no Seu ministério porque Ele dependia da força do Espírito Santo.

Da mesma forma, temos de depender da força do Espírito Santo nas nossas vidas. Temos quatro ordens para obedecer no que diz respeito ao Espírito Santo: caminhar no Espírito, não ofender o Espírito, deixar-se encher do Espírito e não apagar o Espírito. Jesus está connosco hoje e quer ajudar-nos como ajudou as pessoas nas ruas da Galileia. Podemos chamar Jesus se precisarmos de cura para qualquer coisa que nos esteja a impedir de O seguir.

Louvor

Oração

1. Como podemos rezar para que as pessoas perdidas que conhece sejam salvas?
2. Como podemos rezar pelo grupo que está a formar?

Estudo

Sem Gasolina ❧

Revisão

Quais São Oito Imagens Que Nos Ajudam a Seguir Jesus?

Multiplicar

Quais são três coisas que um investidor faz?

Qual foi a primeira ordem de Deus ao homem?

Qual foi a última ordem de Jesus ao homem?

Como posso ser fértil e multiplicar-me?

Quais são os dois mares situados em Israel?

Porque é que são tão diferentes?

Com qual se querem parecer?

Amar

Quais são três coisas que um pastor faz?

Qual é o mandamento mais importante para ensinar aos outros?

De onde vem o amor?

O que é a Adoração Simples?

Para que serve a Adoração Simples?

Quantas pessoas são precisas para haver Adoração Simples?

Rezar

Quais são três coisas que um santo faz?
Como devemos rezar?
Como é que Deus nos responderá?
Qual é o número de telefone de Deus?

Obedecer

Quais são três coisas que um servo faz?
Quem tem mais poder no mundo?
Quais são quatro ordens que Jesus deu a todos os crentes?
Como devemos obedecer a Jesus?
O que é que Jesus nos prometeu?

Como é Jesus?

—Mt 3,16-17— *Uma vez baptizado, Jesus saiu da água e eis que se rasgaram os céus, e viu o Espírito de Deus descer como uma pomba e vir sobre Ele. E uma voz vinda do Céu dizia: «Este é o meu Filho muito amado, no qual pus todo o meu agrado.»*

Mova as mãos na direcção da boca como que esteja a comer. Os filhos comem muito!

Quais São Três Coisas que Um Filho Faz?

—Jo 17,4.18-21— *[Jesus disse] Eu manifestei a tua glória na Terra, levando a cabo a obra que me deste a realizar. Assim como Tu me enviaste ao mundo, também Eu os enviei ao mundo, e por eles totalmente me entrego, para que também eles fiquem a ser teus inteiramente, por meio da Verdade. Não rogo só por eles, mas também por aqueles que hão-de crer em mim, por meio da sua palavra, para que todos sejam um só, como Tu, Pai, estás em mim e Eu em ti; para que assim eles estejam em Nós e o mundo creia que Tu me enviaste.*

1. _____

2. _____

3. _____

Porque É que O Ministério de Jesus Foi Bem-Sucedido?

–Lc 4,14– (depois de ser tentado) Impelido pelo Espírito, Jesus voltou para a Galileia e a sua fama propagou-se por toda a região.

_____

O que É que Jesus Prometeu aos Crentes Sobre o Espírito Santo Antes da Cruz?

–Jo 14,16-18– E Eu apelarei ao Pai e Ele vos dará outro Paráclito para que esteja sempre convosco, o Espírito da Verdade, que o mundo não pode receber, porque não o vê nem o conhece; vós é que o conheceis, porque permanece junto de vós, e está em vós. Não vos deixarei órfãos; Eu voltarei a vós!

1. _____

2. _____

3. _____

4. _____

O que É que Jesus Prometeu aos Crentes Sobre o Espírito Santo Depois da Sua Ressurreição?

—Act 1,8— Mas ides receber uma força, a do Espírito Santo, que descerá sobre vós, e sereis minhas testemunhas em Jerusalém, por toda a Judeia e Samaria e até aos confins do mundo.

Quais São Quatro Ordens a Obedecer Com Respeito ao Espírito Santo?

—Gl 5,16— Mas eu digo-vos: caminhai no Espírito, e não realizareis os apetites carnais.

1. _____

"Caminhe" com os dedos das duas mãos.

—Ef 4,30— E não ofendais o Espírito Santo de Deus, selo com o qual fostes marcados para o dia da redenção.

2. _____

Esfregue os olhos como que esteja a chorar e depois abane a cabeça em sinal de negação.

–Ef 5,18– E não vos embriagueis com vinho, que leva à vida desregrada, mas deixai-vos encher do Espírito.

3. _____

✋ Faça um movimento fluido com as duas mãos desde os pés até ao topo da cabeça.

–1Ts 5,19– Não apagueis o Espírito.

4. _____

✋ Levante o dedo indicador da mão direita como uma vela. Finja que a está a tentar apagar. Abane a cabeça em sinal de negação.

Versículo de Memorização

–Jo 7,37.38– Quem crê em mim que sacie a sua sede! Como diz a Escritura, hão-de correr do seu coração rios de água viva.

PRÁTICA

"A pessoa *que mora mais longe do local do encontro* do par será a líder."

FINAL

Jesus Está Aqui ☙

—Heb 13,8— Jesus Cristo é o mesmo, ontem, hoje e pelos séculos.

—Mt 15,30-31— Vieram ter com Ele numerosas multidões, transportando coxos, cegos, aleijados, mudos e muitos outros, que lançavam a seus pés. Ele curou-os, de modo que as multidões ficaram maravilhadas ao ver os mudos a falar, os aleijados escorreitos, os coxos a andar e os cegos com vista. E davam glória ao Deus de Israel.

—Jo 10,10— O ladrão não vem senão para roubar, matar e destruir. Eu vim para que tenham vida e a tenham em abundância.

7

Ir

Ir apresenta Jesus como um Procurador: os procuradores procuram novos lugares, pessoas perdidas e novas oportunidades. Como é que Jesus decidiu para onde ir ministrar? Não foi Ele que decidiu; Jesus procurou ver onde Deus estava a trabalhar; juntou-se a Deus; e sabia que Deus o amava e Lhe mostraria o que faz. Como devemos decidir onde ministrar?—da mesma forma que Jesus fez.

Onde é que Deus está a trabalhar? Ele está a trabalhar entre os pobres, cativos, doentes e oprimidos. Outro lugar onde Deus está a trabalhar é nas nossas famílias. Ele quer salvar toda a nossa família. Os discentes localizam pessoas e lugares onde Deus está a trabalhar no seu Mapa Act 29.

LOUVOR

ORAÇÃO

1. Como podemos rezar para que as pessoas perdidas que conhece sejam salvas?
2. Como podemos rezar pelo grupo que está a formar?

ESTUDO

Revisão

Quais São Oito Imagens Que Nos Ajudam a Seguir Jesus?

Amar
Quais são três coisas que um pastor faz?
Qual é o mandamento mais importante para ensinar aos outros?
De onde vem o amor?
O que é a Adoração Simples?
Para que serve a Adoração Simples?
Quantas pessoas são precisas para haver Adoração Simples?

Rezar
Quais são três coisas que um santo faz?
Como devemos rezar?
Como é que Deus nos responderá?
Qual é o número de telefone de Deus?

Obedecer
Quais são três coisas que um servo faz?
Quem tem mais poder no mundo?
Quais são quatro ordens que Jesus deu a todos os crentes?

Como devemos obedecer a Jesus?
Qual é a promessa que Jesus fez a todos os crentes?

Caminhar
Quais são três coisas que um filho faz?
Qual foi a fonte da força do ministério de Jesus?
O que é que Jesus prometeu aos crentes sobre o Espírito Santo antes da cruz?
O que é que Jesus prometeu aos crentes sobre o Espírito Santo depois da Sua ressurreição?
Quais são quatro ordens a seguir sobre o Espírito Santo?

Como é Jesus?

—Lc 19,10— Pois, o Filho do Homem veio procurar e salvar o que estava perdido.

Olhe de um lado para o outro com uma mão em cima dos olhos.

Quais São Três Coisas que Um Procurador Faz?

—Mc 1,37.38— E, tendo-o encontrado, disseram-lhe: «Todos te procuram.» Mas Ele respondeu-lhes: «Vamos para outra parte, para as aldeias vizinhas, a fim de pregar aí, pois foi para isso que Eu vim.»

1. _____

2. _____

3. _____

Como É que Jesus Decidiu Onde Ministrar?

–Jo 5:19.20– Jesus tomou, pois, a palavra e começou a dizer-lhes: 'Em verdade, em verdade vos digo: o Filho, por si mesmo, não pode fazer nada, senão o que vir fazer ao Pai, pois aquilo que este faz também o faz igualmente o Filho. De facto, o Pai ama o Filho e mostra-lhe tudo o que Ele mesmo faz; e há-de mostrar-lhe obras maiores do que estas, de modo que ficareis assombrados.'

1. _____

   ✋ Ponha uma mão sobre o coração e abane a cabeça indicando 'não'.

2. _____

   ✋ Ponha uma mão em cima dos olhos; procure à esquerda e à direita.

3. _____

   ✋ Aponte para um lugar à sua frente e abane a cabeça indicando 'sim'.

4. _____

   ✋ Levante as mãos para cima em louvor e depois cruze-as sobre o coração.

Como Devemos Decidir Onde Ministrar?

—1 Jo 2,5.6— Ao passo que quem guarda a sua palavra, nesse é que o amor de Deus é verdadeiramente perfeito; por isto reconhecemos que estamos nele. Quem diz que permanece em Deus também deve caminhar como [Jesus] caminhou.

Como Podemos Saber se Deus Está a Trabalhar?

—Jo 6,44— Ninguém pode vir a mim, se o Pai que me enviou o não atrair; e Eu hei-de ressuscitá-lo no último dia.

Onde É que Jesus Está a Trabalhar?

—Lc 4,18-19— O Espírito do Senhor está sobre mim, porque me ungiu para anunciar a Boa-Nova aos pobres; enviou-me a proclamar a libertação aos cativos e, aos cegos, a recuperação da vista; a mandar em liberdade os oprimidos, a proclamar um ano favorável da parte do Senhor.

1. _____

2. _____

3. _____

4. _____

¿Dónde Es Otro Lugar Donde Jesús Esta Trabajando?

Homem Possesso de um Espírito Maligno — Mc 5

Cornélio—Act 10

Carcereiro de Filipos—Act 16

Versículo de Memorização

—Jo 12:26— Se alguém me serve, que me siga, e onde Eu estiver, aí estará também o meu servo. Se alguém me servir, o Pai há-de honrá-lo.

PRÁTICA

"A pessoa com mais irmãos e irmãs do par será a líder."

FINAL

MAPA ACT 29 - Parte 2 ∞

8

Partilhar

Partilhar apresenta Jesus como um Soldado: os soldados combatem inimigos, sofrem tribulações e libertam os cativos. Jesus é um solado; quando O seguirmos, também seremos soldados.

Mal nos juntamos a Deus onde Ele está a trabalhar, encontramos uma luta espiritual. Como é que os Crentes derrotam Satanás? Derrotamo-lo com a morte de Jesus na cruz, partilhando o nosso testemunho e não tendo medo de morrer pela nossa fé.

Um testemunho poderoso inclui partilhar a história da minha vida antes de conhecer Jesus, como conheci Jesus e a diferença que caminhar com Jesus está a ter na minha vida. Os testemunhos são mais eficazes quando limitamos a nossa explicação a três ou quatro minutos, não dizemos a nossa idade de conversão (porque a idade não importa) e usamos uma linguagem que os descrentes consigam perceber facilmente.

A sessão termina com uma competição: quem consegue escrever os nomes de 40 pessoas perdidas que conhece mais rapidamente. O primeiro, segundo e terceiro lugares são premiados, mas no fundo todos recebem um prémio, pois somos todos "vencedores" quando sabemos como dar o nosso testemunho.

Louvor

Oração

1. Como podemos rezar para que as pessoas perdidas que conhece sejam salvas?
2. Como podemos rezar pelo grupo que está a formar?

Estudo

Revisão

Quais São Oito Imagens Que Nos Ajudam a Seguir Jesus?

Rezar
Quais são três coisas que um santo faz?
Como devemos rezar?
Como é que Deus nos responderá?
Qual é o número de telefone de Deus?

Obedecer
Quais são três coisas que um servo faz?
Quem tem mais poder no mundo?
Quais são quatro ordens que Jesus deu a todos os crentes?
Como devemos obedecer a Jesus?
Qual é a promessa que Jesus fez a todos os crentes?

Caminhar
Quais são três coisas que um filho faz?
Qual foi a fonte da força do ministério de Jesus?
O que é que Jesus prometeu aos crentes sobre o Espírito Santo antes da cruz?

O que é que Jesus prometeu aos crentes sobre o Espírito Santo depois da Sua ressurreição?
Quais são quatro ordens a seguir sobre o Espírito Santlr

Ir

Quais são três coisas que um procurador faz?
Como é que Jesus decidiu onde ministrar?
Como devemos decidir onde ministrar?
Como podemos saber se Deus está a trabalhar?
Onde é que Jesus está a trabalhar?
Qual é outro lugar onde Jesus está a trabalhar?

Como É Jesus?

—Mt 26,53— Julgas que não posso recorrer a meu Pai? Ele imediatamente me enviaria mais de doze legiões de anjos!

Levante uma espada.

Quais São Três Coisas que Um Soldado Faz?

—Mc 1,12-15— Em seguida, o Espírito impeliu-o para o deserto. E ficou no deserto quarenta dias. Era tentado por Satanás, estava entre as feras e os anjos serviam-no. Depois de João ter sido preso, Jesus foi para a Galileia, e proclamava o Evangelho de Deus, dizendo: «Completou-se o tempo e o Reino de Deus está próximo: arrependei-vos e acreditai no Evangelho.»

1. _____

2. _____

3. _____

Como Derrotamos Satanás?

–Ap 12,11– Mas eles venceram-no pelo sangue do Cordeiro e pelo testemunho da sua palavra e não amaram mais a vida que a morte.

1. _____

🖐 Aponte para as palmas das duas mãos com o dedo médio— sinal gestual que significa "crucificação".

2. _____

🖐 Ponha as mãos em concha à volta da boca como que esteja a falar com alguém.

3. _____

🖐 Junte os pulsos, como que esteja acorrentado.

Qual É Um Esboço de Um Testemunho Poderoso?

1. _____

   🖐 Aponte para o lado esquerdo à sua frente.

2. _____

   🖐 Aponte para o centro à sua frente.

3. _____

   🖐 Vire para a sua direita e mova as mãos para cima e para baixo.

4. _____

   🖐 Aponte para a têmpora-como que esteja a pensar numa pergunta.

Quais São Algumas Directrizes Importantes a Seguir?

1. _____

2. _____

3. _____

Versículo de Memorização

−1 Cor 15,3.4— Transmiti-vos, em primeiro lugar, o que eu próprio recebi: Cristo morreu pelos nossos pecados, segundo as Escrituras; foi sepultado e ressuscitou ao terceiro dia, segundo as Escrituras...

PRÁTICA

"A pessoa *que fala mais alto* será a líder, quem começa primeiro."

Sal e Açúcar ❧

FINAL

Quem Consegue Listar Quarenta Pessoas Perdidas Mais Depressa? ❧

9

Semear

Semear apresenta-nos Jesus como Semeador: os semeadores plantam sementes, cuidam dos seus campos e rejubilam com uma grande ceifa. Jesus é um Semeador e vive em nós; quando O seguirmos, também seremos semeadores. Quando semeamos pouco, colhemos pouco. Quando semeamos muito, colhemos muito.

O que é que devemos semear na vida das pessoas? Só o evangelho simples as consegue transformar e trazê-las de volta para a família de Deus. Depois de sabermos que Deus está a trabalhar na vida de uma pessoa, partilhamos o evangelho simples com ela. Sabemos que ele é poder de Deus para a salvar.

LOUVOR

ORAÇÃO

1. Como podemos rezar para que as pessoas perdidas que conhece sejam salvas?
2. Como podemos rezar pelo grupo que está a formar?

ESTUDO

Revisão

Quais São Oito Imagens Que Nos Ajudam a Seguir Jesus?

Obedecer
Quais são três coisas que um servo faz?
Quem tem mais poder?
Quais são quatro ordens que Jesus deu a todos os crentes?
Como devemos obedecer a Jesus?
Qual é a promessa que Jesus fez a todos os crentes?

Caminhar
Quais são três coisas que um filho faz?
Qual foi a fonte da força do ministério de Jesus?
O que é que Jesus prometeu aos crentes sobre o Espírito Santo antes da cruz?
O que é que Jesus prometeu aos crentes sobre o Espírito Santo depois da Sua ressurreição?
Quais são quatro ordens a seguir sobre o Espírito Santo?

Ir
Quais são três coisas que um procurador faz?
Como é que Jesus decidiu onde ministrar?

Como devemos decidir onde ministrar?
Como podemos saber se Deus está a trabalhar?
Onde é que Jesus está a trabalhar?
Qual é outro lugar onde Jesus está a trabalhar?

Partilhar

Quais são três coisas que um soldado faz?
Como derrotamos Satanás?
Qual é um esboço de um testemunho poderoso?
Quais são algumas directrizes importantes a seguir?

Como é Jesus?

—Mt 13,36.37— Afastando-se, então, das multidões, Jesus foi para casa. E os seus discípulos, aproximando-se dele, disseram-lhe: «Explica-nos a parábola do joio no campo.» Ele, respondendo, disse-lhes: «Aquele que semeia a boa semente é o Filho do Homem...»

🖐 Lance a semente com a mão.

Quais São Três Coisas que Um Semeador Faz?

—Mc 4,26-29— [Jesus] dizia ainda: «O Reino de Deus é como um homem que lançou a semente à terra. Quer esteja a dormir, quer se levante, de noite e de dia, a semente germina e cresce, sem ele saber como. A terra produz por si, primeiro o caule, depois a espiga e, finalmente, o trigo perfeito na espiga. E, quando o fruto amadurece, logo ele lhe mete a foice, porque chegou o tempo da ceifa.»

1. _____

2. _____

3. _____

Qual É o Evangelho Simples?

—Lc 24,1-7— No primeiro dia da semana, ao romper da alva, as mulheres foram ao sepulcro, levando os perfumes que haviam preparado. Encontraram removida a pedra da porta do sepulcro e, entrando, não acharam o corpo do Senhor Jesus. Estando elas perplexas com o caso, apareceram-lhes dois homens em trajes resplandecentes. Como estivessem amedrontadas e voltassem o rosto para o chão, eles disseram-lhes: «Porque buscais o Vivente entre os mortos? Não está aqui; ressuscitou! Lembrai-vos de como vos falou, quando ainda estava na Galileia, dizendo que o Filho do Homem havia de ser entregue às mãos dos pecadores, ser crucificado e ressuscitar ao terceiro dia.»

PRIMEIRO...

1. _____

🖐 Faça um grande círculo com as mãos.

2. _____

🖐 Aperte as mãos.

SEGUNDO...

1. _____

    🖐 Levante os punhos e finja que luta.

2. _____

    🖐 Aperte as mãos e depois desprenda-as e afaste-as muito.

TERCEIRO...

1. _____

    🖐 Levante as mãos acima da cabeça e faça um movimento descendente.

2. _____

    🖐 Ponha o dedo médio de cada mão na palma da outra.

3. _____

    🖐 Segure o cotovelo direito com a mão esquerda e mova o braço direito para trás como que esteja a ser sepultado.

4. _____

🖐 Volte a levantar o braço com três dedos.

5. _____

🖐 Mova as mãos para baixo com as palmas para fora. Depois, levante os braços e cruze-os sobre o coração.

QUARTO...

1. _____

🖐 Levante as mãos para aquele em quem acredita.

2. _____

🖐 As palmas das mãos estão para fora a tapar a face; a cabeça está virada para o lado.

3. _____

🖐 Ponha as mãos em concha.

4. _____

🖐 Aperte as mãos.

Versículo de Memorização

—Lc 8,15— E a que caiu em terra boa são aqueles que, tendo ouvido a palavra, com um coração bom e virtuoso, conservam-na e dão fruto com a sua perseverança.

PRÁTICA

FINAL

Onde Está o Act 29:21? ☙

MAPA ACT 29 - Parte 3 ☙

10

Tomar

Tomar é a sessão de encerramento do seminário. Jesus deu-nos a ordem de tomar a nossa cruz e segui-Lo todos os dias. O Mapa Act 29 é uma imagem da cruz que Jesus chamou todos os discentes a carregar.

Nesta última sessão, os discentes apresentam os seus Mapas Act 29 ao grupo. Depois de cada apresentação, o grupo põe as mãos no apresentador e no seu Mapa Act 29, rezando pela bênção e unção de Deus para o seu ministério. Depois, o grupo desafia o apresentador, repetindo a ordem: "Toma a tua cruz e segue Jesus" três vezes. Os discentes apresentam os seus Mapas Act 29 à vez até todos terem terminado. O tempo de formação termina com uma canção de adoração e de compromisso a fazer discípulos e uma oração de encerramento por um líder espiritual reconhecido.

LOUVOR

ORAÇÃO

REVISÃO

Quais São Oito Imagens Que Nos Ajudam a Seguir Jesus?

Multiplicar
Quais são três coisas que um investidor faz?
Qual foi a primeira ordem de Deus ao homem?
Qual foi a última ordem de Jesus ao homem?
Como posso ser fértil e multiplicar-me?
Quais são os dois mares situados em Israel?
Porque é que são tão diferentes?
Com qual se querem parecer?

Amar
Quais são três coisas que um pastor faz?
Qual é o mandamento mais importante para ensinar aos outros?
De onde vem o amor?
O que é a Adoração Simples?
Para que serve a Adoração Simples?
Quantas pessoas são precisas para haver Adoração Simples?

Rezar
Quais são três coisas que um santo faz?
Como devemos rezar?
Como é que Deus nos responderá?
Qual é o número de telefone de Deus?

Obedecer

Quais são três coisas que um servo faz?

Quem tem mais poder?

Quais são quatro ordens que Jesus deu a todos os crentes?

Como devemos obedecer a Jesus?

Qual é a promessa que Jesus fez a todos os crentes?

Caminhar

Quais são três coisas que um filho faz?

Qual foi a fonte da força do ministério de Jesus?

O que é que Jesus prometeu aos crentes sobre o Espírito Santo antes da cruz?

O que é que Jesus prometeu aos crentes sobre o Espírito Santo depois da Sua ressurreição?

Quais são quatro ordens a seguir sobre o Espírito Santo?

Ir

Quais são três coisas que um procurador faz?

Como é que Jesus decidiu onde ministrar?

Como devemos decidir onde ministrar?

Como podemos saber onde Deus está a trabalhar?

Onde é que Jesus está a trabalhar?

Qual é outro lugar onde Jesus está a trabalhar?

Partilhar

Quais são três coisas que um soldado faz?

Como derrotamos Satanás?

Qual é um esboço de um testemunho poderoso?

Quais são algumas directrizes importantes a seguir?

Semear

Quais são três coisas que um semeador faz?

Qual é o Evangelho simples que partilhamos?

ESTUDO

O que É que Jesus Manda os Seus Seguidores Fazer Todos os Dias?

—Lc 9,23— Depois, dirigindo-se a todos, disse: «Se alguém quer vir após mim, negue-se a si mesmo, tome a sua cruz, dia após dia, e siga-me.

_____

Quais São Quatro Vozes que Nos Chamam Para Tomar a Nossa Cruz?

—Mc 16,15— E disse-lhes: «Ide pelo mundo inteiro, proclamai o Evangelho a toda a criatura.

1. _____

🖐 Aponte o dedo para cima, na direcção do céu.

—Lc 16,27-28— O rico insistiu: 'Peço-te, pai Abraão, que envies Lázaro à casa do meu pai, pois tenho cinco irmãos; que os previna, a fim de que não venham também para este lugar de tormento.'

2. _____

🖐 Aponte o dedo para baixo, na direcção do chão.

−1 Cor 9,16− Porque, se eu anuncio o Evangelho, não é para mim motivo de glória, é antes uma obrigação que me foi imposta: ai de mim, se eu não evangelizar!

3. _____

✋ Aponte o dedo para o seu coração.

−Act 16,9− Ora, durante a noite, Paulo teve uma visão: um macedónio estava de pé diante dele e fazia-lhe este pedido: «Passa à Macedónia e vem ajudar-nos!»

4. _____

✋ Estenda a mão em concha na direcção do grupo e mova para si, como que os esteja a chamar.

APRESENTAÇÕES

MAPAS ACT 29 ☙

Formar Formadores

Esta secção explica em detalhe como formar formadores de forma reprodutível. Primeiro, referiremos os resultados que pode realisticamente esperar depois de formar os outros com *Fazer Discípulos Radicais*. Depois, delinearemos o processo de formação, que inclui 1) adoração, 2) oração, 3) estudo e 4) prática, baseado no mandamento mais importante. Por fim, abordamos alguns dos princípios-chave da formação de formadores, descobertos enquanto formávamos milhares de formadores.

RESULTADOS

Depois de concluir *Fazer Discípulos Radicais*, os discentes serão capazes de:

- Ensinar dez lições básicas de discipulado baseadas em Cristo aos outros, usando um processo de formação reproduzível.
- Recordar oito imagens claras que representam um seguidor de Jesus.
- Conduzir um momento de adoração simples num grupo pequeno baseado no mandamento mais importante.
- Dar um testemunho poderoso e fazer uma apresentação do evangelho com confiança.
- Apresentar uma visão concreta de como chegar aos perdidos e formar crentes usando um Mapa de Act 29.

- Começar um grupo de discípulos (alguns dos quais se tornarão igrejas) e formar outros para fazer o mesmo.

PROCESSO

Todas as sessões seguem o mesmo formato. A ordem e a duração aproximada estão listadas abaixo:

LOUVOR

- 10 minutos
- Peça a alguém para abrir a sessão, rezando e pedindo a bênção e a orientação de Deus para todas as pessoas do grupo. Recrute uma pessoa do grupo para dirigir alguns cânticos ou hinos (dependendo do contexto); esta poderá usar um instrumento musical.

ORAÇÃO

- 10 minutos
- Divida os discentes em pares com alguém com quem ainda não fizeram par. Os parceiros dizem um ao outro a resposta a duas questões:

    1. Como podemos rezar para que as pessoas perdidas que conhece sejam salvas?
    2. Como podemos rezar pelo grupo que está a formar?

- Se um discente ainda não começou um grupo, o seu parceiro deve trabalhar com ele para desenvolverem uma lista de possíveis amigos e família a instruir, e depois rezar com ele pelas pessoas da lista.

ESTUDO

O sistema da Formação Para Seguir Jesus usa o seguinte processo: Louvor, Oração, Estudo e Prática. Este processo é baseado no modelo de Adoração Simples que é explicado a partir da página 33. Para as dez lições do manual FPSJ, a sessão de "Estudo" é descrita abaixo:

- 30 minutos
- Cada secção "Estudo" começa com a "Revisão". É a revisão das oito imagens de Cristo e das lições dominadas até agora. No final da formação, os discentes serão capazes de recitar toda a formação de cor.
- Depois da "Revisão", o formador ou aprendiz forma os discentes com a lição actual, enfatizando que estes devem ouvir com atenção porque se irão instruir uns aos outros depois.
- Quando apresentam a lição, os formadores devem usar a seguinte sequência:

  1. Fazer a pergunta.
  2. Ler a Escritura.
  3. Encorajar os discentes a responder à questão.

Este processo coloca a palavra de Deus como autoridade para a vida, e não o professor. Demasiadas vezes, os professores fazem uma pergunta, dão a resposta e depois sustentam a sua resposta com a Escritura. Esta sequência coloca o professor como a autoridade, em vez da palavra de Deus.

- Se os discentes responderem à pergunta de forma incorrecta, não os corrija, mas peça aos participantes para ler a passagem da Escritura em voz alta e responder novamente.
- Todas as lições terminam com um versículo de memorização. De pé lado a lado, formadores e discentes recitam o versículo de memorização dez vezes; dizendo

primeiro a localização do versículo e depois o versículo. Os discentes podem usar as suas Bíblias ou guias de estudante nas seis primeiras vezes que disserem o versículo de memorização. No entanto, nas últimas quatro vezes o grupo recita o versículo de cabeça. O grupo inteiro recita o versículo dez vezes e depois senta-se.

PRÁTICA

- 30 minutos
- Anteriormente, os formadores dividiram os discentes para o segmento da "Oração". O parceiro da oração também é o parceiro da prática.
- Cada lição tem um método para escolher quem será o "líder" do par. O líder é a pessoa que ensinará primeiro. O formador anuncia ao grupo o método para escolher o líder.
- Imitando os formadores, o líder instrui o seu parceiro. O período de formação deve incluir a revisão e a nova lição e acabar com o versículo de memorização. Os discentes levantam-se para recitar o "Versículo de Memorização" e sentam-se quando terminarem, para que os formadores possam ver quais os discentes que já acabaram.
- Quando a primeira pessoa de um par terminar, a segunda repete o processo, para que também possa praticar a formação. Assegure-se de que o par não salta nem apressa nenhuma parte do processo.
- Caminhe pela sala enquanto estão a praticar para se assegurar de que o estão a imitar com precisão. Não fazer os gestos com as mãos é um indicador claro de que não o estão a imitar. Enfatize repetidamente que devem copiar o seu estilo.
- Mande-os procurar um novo parceiro e voltar a praticar à vez.

FINAL

- 20 minutos
- A maioria das sessões acaba com uma actividade de aprendizagem de aplicação prática. Dê aos discentes tempo suficiente para trabalhar nos seus Mapas de Act 29 e encoraje-os a caminhar pela sala e a obter ideias dos outros à medida que trabalham.
- Faça os comentários necessários e depois peça a alguém para rezar e dizer uma bênção na sessão. Escolha uma pessoa que ainda não rezou – no final da formação, todas as pessoas deverão ter feito a oração final pelo menos uma vez.

Adoração Simples

A Adoração Simples é uma componente essencial da Formação Para Seguir Jesus – é uma das competências fundamentais para fazer discípulos. Baseada no Maior Mandamento, a Adoração Simples ensina as pessoas a obedecer ao mandamento de amar a Deus com todo o seu coração, toda a sua alma, toda a sua mente e toda a sua força.

Deus abençoou pequenos grupos por todo o Sudeste Asiático que descobriram que podem ter Adoração Simples em qualquer lugar – nas casas, nos restaurantes, no parque, na escola dominical e até no Pagode!

PROCESSO

- Os discentes dividem-se em grupos de quatro.
- Cada membro do grupo fica com uma parte diferente da Adoração Simples.
- Os discentes trocam de parte sempre que praticarem a Adoração Simples, para que no final da formação tenham feito cada parte pelo menos duas vezes.

Louvor

- Uma pessoa orienta o grupo no canto de dois cânticos ou hinos (dependendo do contexto).
- Não é preciso instrumentos musicais.
- Na sessão de formação, peça aos discentes para posicionar as cadeiras como se estivessem sentados na mesa de um café.
- Todos os grupos cantarão músicas diferentes, o que é bom.
- Explique ao grupo que esta é a altura de louvar a Deus com todo o coração em grupo, e não para ver que grupo consegue cantar mais alto.

Oração

- *Outra* pessoa (diferente da que orientou o louvor) orienta o tempo de oração do grupo.
- O líder da oração pergunta a cada membro do grupo o seu pedido de oração e anota-o.
- O líder da oração compromete-se a rezar por estes itens até o grupo se voltar a reunir.
- Depois de cada pessoa ter comunicado o seu pedido de oração, o líder da oração reza pelo grupo.

Estudo

- *Outra* pessoa do grupo de quatro orienta o tempo de estudo do grupo.
- O líder do estudo conta uma história bíblica pelas suas próprias palavras; sugerimos histórias dos Evangelhos, pelo menos no início.

- Dependendo do grupo, pode pedir aos líderes para ler primeiro a história bíblica e depois contá-la pelas suas palavras.
- Depois de contar a história bíblica, o líder do estudo faz ao grupo três perguntas:

  1. O que é que esta história nos ensinou sobre Deus?
  2. O que é que esta história nos ensinou sobre as pessoas?
  3. O que é que aprendi nesta história que me ajudará a seguir Jesus?

- O grupo discute cada questão em conjunto, até o líder achar que a discussão esmoreceu; em seguida, o líder passa para a pergunta seguinte.

Prática

- *Outra* pessoa do grupo de quatro orienta o tempo da prática do grupo.
- O líder da prática ajuda o grupo a rever a lição novamente e certifica-se de que todos compreendem a lição e conseguem ensiná-la aos outros.
- O líder da prática conta a mesma história bíblica que o líder do estudo contou.
- O líder da prática faz as mesmas perguntas que o líder do estudo fez e o grupo discute cada questão novamente.

Final

- O grupo da Adoração Simples termina o tempo de adoração cantando outra canção de louvor, ou dizendo o Pai Nosso em conjunto.

Mais Estudo

Consulte os seguintes recursos para uma discussão mais aprofundada do tópico apresentado. Em novas áreas de trabalho missionário, esta também é uma boa lista de primeiros livros a traduzir depois da Bíblia.

BILLHEIMER, Paul. *Destined for the Throne. Fort Washington, PA:* Christian Literature Crusade, 1975.

BLACKABY, Henry T. e KING, Claude V. *Experiencing God: Knowing and Doing the Will of God. Nashville, Tennessee:* Lifeway Press, 1990.

BRIGHT, Bill. *How to Be Filled with the Holy Spirit.* Campus Crusade for Christ, 1971.

CARLTON, R. Bruce. *Acts 29: Practical Training in Facilitating Church-Planting Movements among the Neglected Harvest Fields.* Kairos Press, 2003.

CHEN, John. *Training For Trainers (T4T).* Inédito, sem data.

GRAHAM, Billy. *The Holy Spirit: Activating God's Power in Your Life.* W Publishing Group, 1978.

HODGES, Herb. *Tally Ho the Fox! The Foundation for Building World-Visionary, World Impacting, Reproducing Disciples. Memphis:* Spiritual Life Ministries, 2001.

HYBELS, Bill. *Too Busy Not to Pray.* Downers Grove, IL Intervarsity Press, 1988.

MURRAY, Andrew. *With Christ in the School of Prayer.* Diggory Press, 2007.

OGDEN, Greg. *Transforming Discipleship: Making Disciples a Few at a Time. Downers Grove, IL:* InterVarsity Press, 2003.

PACKER, J. I. *Knowing God. Downers Grove, IL:* Intervarsity Press, 1993.

PATTERSON, George e SCOGGINS, Richard. *Church Multiplication Guide.* William Carey Library, 1994.

PIPER, John. *What Jesus Demands from the World.* Wheaton, Illinois: Crossway Books, 2006.

www.ingramcontent.com/pod-product-compliance
Lightning Source LLC
Chambersburg PA
CBHW060649030426
42337CB00017B/2525